Vorwort

Kinder tun manchmal merkwürdige Dinge. Sie werfen zum Beispiel immer wieder Sachen von ihren Hochstühlen auf den Boden, drehen sich mit Begeisterung um sich selbst oder laufen im Kreis um etwas herum. Sie wickeln Gegenstände ein, als ob es Schätze oder Geschenke wären, und schütten Spielzeugkästen aus. Was tun sie da eigentlich? Steckt ein Sinn dahinter? Dient solches Handeln vielleicht sogar der Konstruktion ihres Weltbildes?

Ein Blick nach Corby

Aufmerksam wurden wir auf die Bedeutung dieser Verhaltensmuster durch Erlebnisse im Pen Green Projekt im englischen Corby und im Berliner Kinder- und Familienzentrum des PFH. Dort werden immer wiederkehrende Verhaltensschemata von Kindern beobachtet und mit entwicklungspsychologischen Erkenntnissen, besonders von Piaget, in Beziehung gesetzt. So wurde ein pädagogisches Modell entwickelt und forschend begleitet, das hier nur kurz skizziert werden soll:

- regelmäßige Beobachtung einzelner Kinder in Situationen, in denen sie intensiv mit etwas beschäftigt sind;
- Erkennen von Stärken, Interessen und Verhaltensschemata der Kinder;
- Entwickeln von dazu passenden Angeboten und Materialien für das beobachtete Kind und seine Mitspieler.

Besonderer Wert wird darauf gelegt, die Eltern zu informieren und sie einzubeziehen, denn sie sind Fachleute für ihre Kinder. Mütter und Väter werden gebeten, zu Hause auf Verhaltensschemata ihrer Kinder zu achten, und geschult, um ihre Beobachtungen so festhalten zu können, dass sie Bestandteile von Dokumentationen werden können.

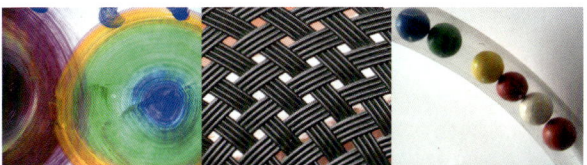

Sinnzusammenhänge finden

Die Beobachtung kindlicher Verhaltensschemata ergänze ich um zwei Aspekte: Beweg-Gründe für Kinderzeichnungen und Parallelen in der bildenden Kunst. Wenn wir das merkwürdige Verhalten von Kindern systematisch beobachten, erkennen wir Verbindungen zu den ersten, Erwachsenen ebenfalls unverständlichen kindlichen Spuren beim Zeichnen, den Urformen wie Linien, Kreise, Spiralen. Da sowohl die Verhaltensmuster als auch die zeichnerischen Urformen ihren Ursprung in elementarer Körperwahrnehmung haben, liegen Bezüge zu den ersten physikalischen Grunderfahrungen nahe, zum Beispiel Schwerkraft, Balance, Zentrifugalkraft. Was auf den ersten Blick zusammenhanglos und verwirrend erscheint, bekommt Konturen.

Ergänzt wird das Bild durch Eindrücke der modernen Kunst. Erwachsene Künstler erlauben sich den Schritt zurück zu einfachen Formen und Ideen. Es gibt Parallelen zwischen den in Papier gewickelten, verschnürten Kinderschätzen und dem vom Ehepaar Christo aufwändig verpackten Reichstag: der Reiz des Verhüllens und Verbergens, gepaart mit dem Wissen, dass der dem Auge verborgene Gegenstand immer noch da ist und wieder hervorgeholt werden kann.

Zu jedem der sechs häufigsten Verhaltensschemata – eine Linie verfolgen, schaukeln, kreiseln, einwickeln, Verbindungen herstellen, transportieren – werden wir im Folgenden Gedanken, Assoziationen, Fragen und Beispiele aus dem praktischen Alltag zusammentragen. Wir beginnen mit der Linie.

Noch ein Wort in eigener Sache, bevor es losgeht: Ich widme das Heft meiner Lehrerin Dr. Bettina Egger aus Zürich, Institut für humanistische Kunsttherapie, der ich Orientierung verdanke und die Ermutigung, eigene Wege zu gehen.

Sibylle Haas
Berlin, Januar 2006

Die Linie

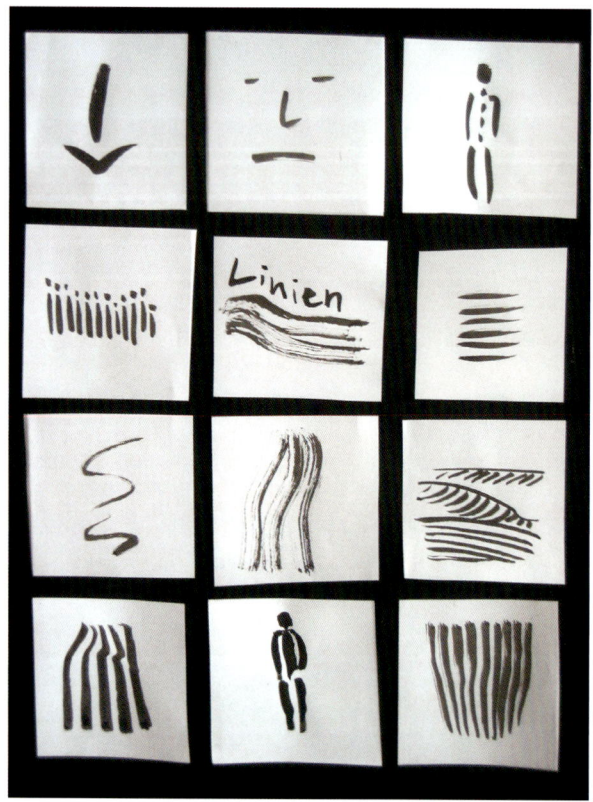

Die Linie verfolgen:

Mit dem Stöckchen im Sand, mit Stift auf Papier, mit Kreide auf der Tafel – ich hinterlasse erste Spuren.

Aufrecht stehen:

Senkrechte Linien sind ein Abbild der aufrechten Körperhaltung. Das Rückgrat bildet eine flexible, senkrechte Linie in mir. Beine und Füße sind die Verbindung zum Boden. Unter mir ist etwas, das mich trägt. Es gibt immer ein Unten und Oben.

Sich fallen lassen:

Wenn ich mich fallen lasse, lande ich unten, immer wieder. Je höher ich klettere, auf Stühle, Tische oder Sprossenwände, desto tiefer falle ich, desto deutlicher spüre ich den Fall, mein eigenes Gewicht, das Schwergewicht. Besser, unter mir ist ein Polster.

Dinge fallen lassen:

Wenn ich Dinge fallen lasse, fallen sie immer nach unten, so oft ich das wiederhole. Ich will niemanden ärgern, wenn ich den Löffel immer wieder zu Boden werfe, ich mache meine ersten physikalischen Grunderfahrungen: Der Löffel hat ein Gewicht, die Schwerkraft lässt ihn zu Boden fallen. Ein Gesetz, auf das ich mich verlassen kann.

Außer beim Ball. Er fällt zwar nach unten, springt aber wieder hoch, und das mehrere Male hintereinander. Warum tut er das? Warum der Löffel nicht und auch nicht die Holzkugel?

Wasser:

Beobachtungen im Waschraum: Das Wasser fließt nach unten. Ohne Unterbrechung bildet der Wasserstrahl eine senkrechte Linie, so lange, bis ich den Hahn zudrehe oder den Strahl mit der Hand in eine andere Richtung lenke. Wasserläufe, Regentropfen, Hagelkörner und sogar die leichten Schneeflocken fallen nach unten.

Waagerechte Linien:

Waagerechte Linien gehen in die Weite. Wenn ich möchte und viel Kreide benutze, haben sie kein Ende. Mit Schnur kann ich Linien messen, festhalten, vergleichen. Besen, Rasenmäher und Erntemaschinen malen Linien auf den Boden, in die Landschaft. Große Flächen werden so in überschaubare Abschnitte geteilt.

Bildnerisches Gestalten

Ich kann Blätter mit Linien füllen, mit senkrechten und waagrechten, kurzen und langen. So entstehen Muster, Reihen und Wiederholungen, Gitter und Strukturen. Das geht auch auf Sand.

Besonders spannend sind Linien, mit gefärbtem Kleister auf Papier gemalt. Alte Kalenderblätter, in Streifen geschnitten oder gerissen und wieder neu zusammengestellt, ergeben neue Ansichten.

Naturbeobachtung

In der Natur lassen sich Ameisenwege verfolgen, Schleimspuren von Schnecken, Wege von Holzwürmern, von Rankpflanzen wie Efeu und wilde Rebe. Spuren hinterlassen auch Flugzeuge am Himmel und Reifen von Autos auf feuchte Feldwegen. Ackerfurchen und Wasserläufe ziehen Spuren in die Landschaft.

Das Gleichgewicht

Das Gleichgewicht zu halten, vielleicht sogar auf einem Bein, ist nicht so leicht für kleine Kinder. Ausprobieren, umfallen, lachen, weitermachen – so finden sie allmählich ein Gefühl fürs Gleichgewicht.

Stehen, gehen, balancieren

Beim Spazierengehen finden Kinder immer wieder Möglichkeiten zu balancieren: auf gefällten Baumstämmen und auf Mustern oder Linien im Straßenpflaster, auf kleinen Umgrenzungsmauern und Treppenstufen. Sie haben Spaß daran, üben ihren Gleichgewichtssinn und tun ganz instinktiv etwas Gutes für ihre Körperkoordination, für die Aktivierung und Verbindung beider Gehirnhälften.

Gerade stehen, die Arme zur Seite ausstrecken, das Rückgrat in der Mitte spüren, leicht nach rechts und links schwanken, das Gespür für zwei Seiten entwickeln. Lateralität nennen das die Fachleute.

Seiltänzerinnen halten ein Schirmchen in der einen Hand. Ob das beim Balancieren hilft? Andere Akrobaten halten eine lange Stange vor ihrem Körper. Wer kann uns erklären, wozu das nützt? Vorher mal ausprobieren, vielleicht kommen wir selber drauf...

Linien kreuzen sich

Rechts und links als Körpererfahrung stellt sich beim Zeichnen und Malen in den Urkreuzen ein. Senkrechte und waagrechte Linien kreuzen sich genau so, wie das Rückgrat und die zur Seite ausgestreckten Arme ein Kreuz bilden.

Erwachsene wundern sich, dass auf Kinderbildern so häufig Kreuze vorkommen, und manche bringen das mit dem christlichen Symbol oder dem Zeichen für den Tod in Verbindung. Jetzt haben wir dafür eine plausible und kindgemäße Erklärung.

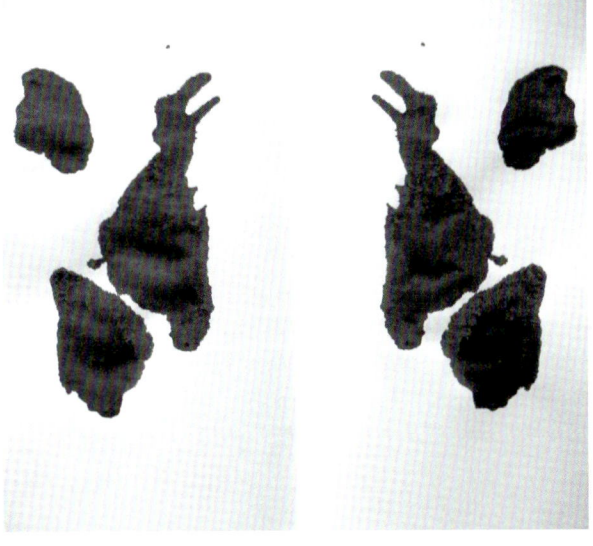

Abwägen und wiegen

Die Arme zur Seite ausstrecken: Fühlt es sich gleich an, wenn wir in jeder Hand einen Gegenstand halten? Haben die beiden Gegenstände ein ungleiches Gewicht, spielen wir Waage: Wo der Arm deutlicher nach unten gedrückt wird, ist der schwerere Gegenstand.

Wenn wir ein Lineal auf unsere ausgestreckten Zeigefinger legen und die beiden Finger langsam zusammenführen, können wir das Lineal in der Balance halten und den Schwerpunkt in der Mitte finden. So nähern wir uns dem Prinzip der Waage, die im Gleichgewicht bleibt, wenn sie auf beiden Seiten gleich beschwert wird. Ein Drahtkleiderbügel – rechts und links zwei gleiche Behälter angebunden – ist unsere erste selbstgebaute Waage.

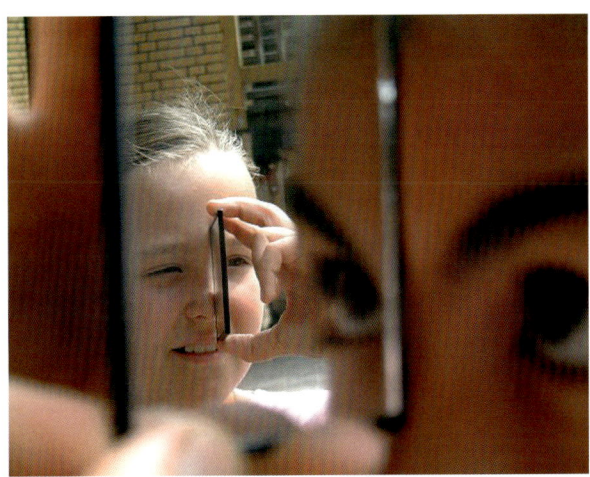

Weitere Modelle entstehen in der Erfinderwerkstatt.

In der Kunst...

... findet das Gleichgewicht eine Entsprechung in der bilateralen Symmetrie, bei der zwei Hälften eines Gegenstands sich spiegelbildlich entsprechen. Das zeigt sich auch bei der Spiegelung: Halten wir einen Spiegel an ein Bild, sehen wir ein symmetrisches Abbild.

Abklatschbilder sind ebenfalls symmetrisch. Sie entstehen, wenn wir ein Blatt Papier mit Farbklecksen in der Mitte falten, es zusammenpressen und wieder aufklappen.

Der menschliche Körper ist auch nahezu symmetrisch. Wenn wir einen Spiegel in die Mitte von Porträt-Fotos halten, können wir Überraschungen sehen.

Die Rotation

Wenn wir die merkwürdigen Verhaltensmuster von Kindern systematisch beobachten, erkennen wir, dass sie den uns oft ebenfalls unverständlichen kindlichen Spuren beim Zeichnen ähneln, solchen Urformen wie Linien, Kreise, Spiralen. Da beides seinen Ursprung in elementarer Körperwahrnehmung hat, liegt die Verbindung mit ersten physikalischen Grunderfahrungen nahe, zum Beispiel Schwerkraft, Balance, Rotation. So erhält Konturen, was eben noch zusammenhanglos und verwirrend erschien.

Kreiseln und rollen

Die Arme zur Seite ausstrecken und sich schnell um die eigene Achse drehen, so lange, bis mir schwindelig wird und ich beinahe umfalle. Die

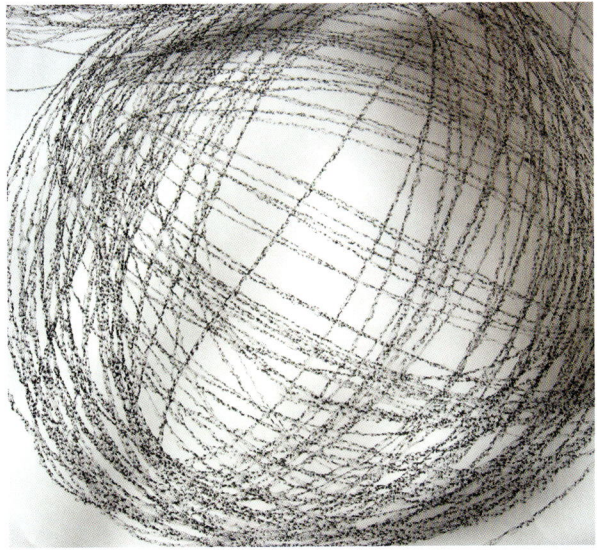

Welt schwankt um mich herum, aber ich bleibe im Zentrum. Einen Wiesenhügel hinabrollen, den Körper anders als sonst spüren, Physik am ganzen Leib, die Kraft der Rotation.

Dort, wo Deutschland an Belgien und die Niederlande stößt, steht ein Grenzpfosten auf einem Berg, umgeben von einem gepflasterten Kreis, auf dem die Ländergrenzen markiert sind. »Belgium, Duitsland, Nederland!« rufen die Kinder, während sie immer schneller um den Grenzpfosten rennen und die flotte Reise durch drei europäische Staaten genießen. Ganz in der Nähe erinnert ein Kriegerdenkmal an andere Zeiten.

Zentrifugalkraft wird spürbar, die gleiche Kraft, die das Wasser daran hindert, aus dem Eimer zu fließen, wenn ich ihn am langen Arm im Kreis herumschleudere.

Es hat schon seinen Grund, dass Kinder Schaukeln und Karussells, Bälle und Räder so lieben.

Ein Zauberkunststück

Ein leeres Marmeladenglas über einer Murmel, die auf der flachen Hand liegt, drehen, immer schneller. Die Murmel steigt nach oben, und wenn ich das Glas anhebe, rotiert sie weiter, fällt nicht heraus, so lange ich das Glas drehe. Die Zentrifugalkraft, die beim Drehen entsteht, scheint die Schwerkraft der Kugel aufzuheben.

Wenn die Erde sich dreht...

Aufgespießte Äpfel und eine Taschenlampe als Sonne: ein Modell für die sich im Weltall drehende Erde. Mal ist der Mond von meinem Standpunkt auf der Erde aus zu sehen, mal nicht.

Drehen und schleudern

Immer wieder um einen Gegenstand herumlaufen, um einen Papierkorb, eine Litfasssäule, einen Baum. Spüren, wie eine Kraft mich nach außen drängt, je schneller ich mich drehe.
Ein schönes Beispiel stammt aus dem Dreiländereck:

Kreisel

Verschiedene Kreisel ausprobieren: solche, die man kaufen kann, und andere, die sich leicht nachbauen lassen. Manche haben auswechselbare Scheiben, so dass optische Effekte und Farbmischungen durch die Rotation entstehen.

Runde Bierdeckel oder Deckel aus Blech und Plastik, ein Loch in der Mitte und ein Stift durchgesteckt: Fertig ist der Kreisel. Was dreht sich besser? Der Stift-Kreisel, eine Schraube mit rundem Kopf, Mutter und Unterlegscheiben oder doch die halbierte Holzkugel, etwa 3 Zentimeter Durchmesser, mittig auf beide Seiten einer Scheibe geklebt...

Unversehens landen wir in allen möglichen Bildungsbereichen: Körpererfahrung und Kunst, Naturwissenschaft und Geometrie, Sprache ohnehin. Da fehlt nur noch ein Kanon, ein Kreistanz, ein Rondo...

Kreise

Kreise zeichnen, mit einem Punkt in der Mitte. Hier bin ich, hier ist die Mitte der Welt.

Kreise verstecken sich überall: in Geldmünzen und Knöpfen, Uhren und Joghurtbechern, in Verkehrszeichen, Rädern und Gully-Deckeln auf der Straße. Wenn wir einen Spaziergang mit einer kreisrunden Sachensucherbrille auf der Nase machen, werden wir tausend Kreise entdecken, drinnen und draußen.

Ganz viele Kreise finden wir im Geschirrschrank, bei Tellern, Tassen, Schüsseln und Gläsern.

Töpferscheiben laufen rund, so werden Tongefäße aufgebaut; Glasbläser blasen die flüssige

Glasmasse durch runde Rohre zu Ballons auf.

Wir finden bald heraus: Manche Gegenstände sind immer rund, zum Beispiel Räder und Trinkgefäße. Andere sind nur manchmal rund: Teller und Verkehrszeichen. Wie kommt das? Bist du schon mal auf einem eckigen Rad geradelt, hast aus einem viereckigen Gefäß getrunken? Was würde passieren wenn...

Was ist überhaupt ein Kreis? Eine Linie, die in gleichem Abstand um einen Mittelpunkt herumwandert, bis sie wieder den Anfang gefunden hat? Kreise sind keine Kugeln, aber beide sind rund. Wenn ich mir einen Gürtel um die Kugel denke, dann habe ich den Kreis gefunden.

Was fasziniert uns an Kreisen? Sie sind rund, abgeschlossen, stehen für sich. Ein Tag in der Kindergruppe beginnt oder endet oft mit einem Kreis. Jeder kann jeden sehen, und in der Mitte gibt es manchmal etwas besonders Schönes anzuschauen.

Anfang und Ende

Kreise sind Symbole dafür, dass jeder Anfang auch ein Ende hat und danach Platz ist für einen neuen Anfang.

Der Naturkreislauf umfasst Werden und Vergehen, Geburt und Tod. Überschaubarer ist für Kinder der Jahreskreis. Nach dem Winter kommt ein neuer Frühling, und wenn ich gerade Geburtstag hatte, muss ich bis zum nächsten ein ganzes Jahr lang warten.

Die anthroposophischen Pädagogen stellen das sehr anschaulich mit einem runden Jahreskreislauf-Bild dar. Ein Kreis, geviertelt in die vier Jahreszei-

ten und die wiederum gedrittelt – das ergibt eine Torte mit zwölf Monatsstücken, worauf sich jahreszeitlich verankerte Feste und Geburtstage gut markieren lassen.

Male einen Kreis, frei aus der Hand. Das ist gar nicht so einfach. Bei Zen-Meistern ist das eine Übung, die Konzentration und innere Harmonie fördert. Wir können das auch üben, mit verschiedenen Stiften und Kreiden, im Sand oder an der Malwand stehend.

Kreise haben zu tun mit Kreiseln, mit der Drehung um einen Mittelpunkt. Wir können uns einen Zirkel als Hilfsmittel bauen: Ein Stock steckt senkrecht im Sand. An einer Schnur festgebunden wird ein zweiter Stock um ihn herum geführt. Er zeichnet seine Spur in den Sand. Da ist er wieder, der Kreis...

Mandalas

Kreise im Sand oder auf dem Papier gestalten wir als Mandalas. Das Wort heißt Zentrum, magischer Kreis.

Mandalas gehören zu den Urformen menschlicher Kultur und Ausdrucksweisen. Sie tauchen in allen Kulturen auf, häufig auch in Verbindung mit dem Kreuz. Wenn wir in Büchern über Kunst, Geschichte oder Biologie stöbern, können wir auf weiten Reisen in andere Länder und Zeiten gestaltete Kreisbilder finden.

Mandalas sind bekannt als Vorlagen zum Ausmalen. Wir wollen jedoch selbst welche entwickeln, vom Zentrum ausgehend nach außen oder aber von der Kreislinie ausgehend langsam ins Zentrum.

Mandalas selbst zu gestalten hat etwas zu tun mit inneren Bildern und Gefühlen, mit eigenen Formen und Farben. Übrigens: Die als »Sonnenformen« bekannten Kinderzeichnungen sind entwicklungspsychologisch die ersten, intuitiv entstehenden Mandalas.

Spiralen

Auch Spiralen gehören zu den gemalten Urformen, die Ich-Bildung und Abgrenzung von der Umwelt belegen, gezeichnete Kreisbewegungen um ein Zentrum herum, von innen nach außen oder von außen nach innen.

Ältere Kinder können probieren, mit einem Kartoffelschäler Äpfel oder Kartoffeln so zu schälen, dass die Schale eine lange Spirale bildet.

In der Kunst...

... tauchen auf Bildern von Künstlern wie Paul Klee, Joan Miro und Sonia Delaunay immer wieder Kreise und Spiralen auf. Sie finden sich auch schon in prähistorischen Felszeichnungen. Es wird vermutet, dass sie Zeichen für zyklische, immer wiederkehrende Bewegungen sind, für Werden und Vergehen oder Fruchtbarkeit.

Einwickeln und Verstecken

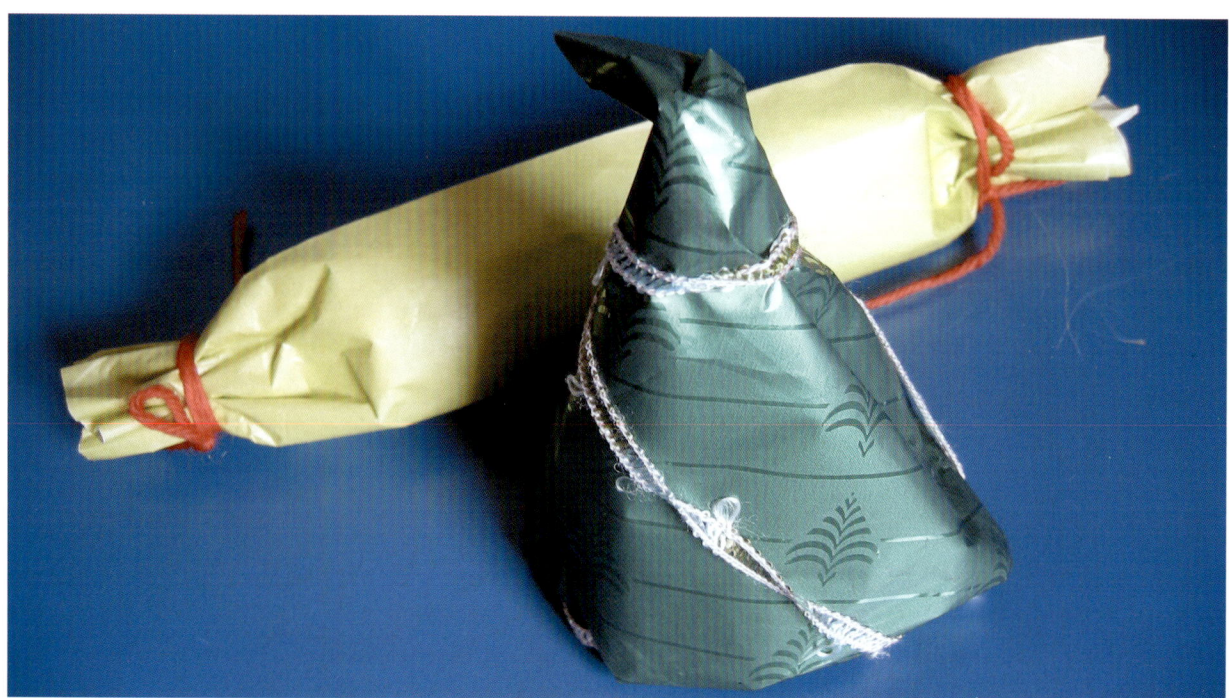

Kleine Kinder lieben Guck-da-Spiele. Sie verstecken sich hinter Bäumen und Vorhängen, unter Bettdecken und Tischtüchern, freuen sich, wenn sie gesucht werden, und juchzen vor Begeisterung, wenn sie aus dem Versteck hervorkommen.

Genau so gern wie sich selbst verstecken sie auch Gegenstände. Alle möglichen Dinge werden in Taschen und Beutel gepackt, in Papier gewickelt und wie ein Geschenk weitergereicht. Handelnd begreifen die Kleinen: Wenn ich einen Menschen oder einen Gegenstand verhülle, verberge, ver-

stecke, dann ist er immer noch da, obwohl ich ihn nicht sehen kann. Das ist eine wichtige Erkenntnis. Objektkonstanz nennt sich das Phänomen und gehört zu den Gewissheiten, die unser Leben erleichtern.

Kinder und Künstler

In der modernen Kunst gibt es anregende Beispiele für Verbergen und Verstecken: Yves Klein überzieht Schwämme, Steine und Wurzeln mit einer von ihm selbst entwickelten, stumpfen ultramarinblauen Farbschicht. Das Ehepaar Christo hat in Basel eine ganze Allee von Laubbäumen in Plastikfolie verpackt und im Sommer 1995 sogar das riesige Reichstagsgebäude in Berlin eingewickelt. Warum machen die Leute das?

Einwickeln schafft Distanz. Der Abstand ermöglicht einen neuen Blick – die Form wird deutlich. Die Aktion verfremdet, lässt uns gewohnte Sichtweisen vergessen; und am Ende sind wir froh, wenn das Bekannte und Vertraute wieder da ist. So weit entfernt voneinander sind sie gar nicht, das Kinderspiel und die Erwachsenenkunst...

Den Verfremdungseffekt können wir nachvollziehen und uns bewusst machen, wenn wir Gebrauchsgegenstände in Alufolie einwickeln, so dass die Form sichtbar bleibt. Größere Gegenstände vom Sperrmüll können wir mit weißem

Makulaturpapier und Kleister überziehen oder mit Zeitungspapier, das später bemalt wird. So werden Alltagsgegenstände zu Kunstobjekten. Ein Mensch, der sie in hundert Jahren ausgraben würde, hätte wahrscheinlich keine Ahnung, wozu sie dienten...

Umhüllen und Übermalen

Beim Zeichnen und Malen taucht das Umhüllen ebenfalls auf. Eine der Urformen, die immer wieder auf Kinderbildern zu entdecken sind, ist der Kasten, der Rahmen, die Höhle, das Haus. Psychologen erkennen in diesen Zeichen das Bedürfnis nach Schutz, Geborgenheit und Sicherheit.

Wenn Kinder ihre Bilder übermalen, womöglich mit schwarzer Farbe, verstecken sie vielleicht etwas, sie decken zu, machen ungeschehen und spüren dabei die Macht und die Kraft, etwas zu bewirken. Erwachsene stehen oft ratlos daneben und bedauern, dass das schöne, bunte Bild verschwunden ist.

Kinder erleben die Welt eher prozessartig, sie hängen nicht so sehr am Ergebnis. Etwas verschwinden zu lassen ist ebenso wichtig wie ein Bild wieder neu zu malen. Genau so, wie der eingestürzte Turm aus Bauklötzen wieder aufgebaut werden kann.

Das Versteckspiel kann auch zur Bildaufgabe werden: Wir malen eine wunderbare Schatztruhe mit Deckel. Durch einen Schnitt in das Bild wird der Deckel zur Klappe, die man öffnen kann.

Dahinter kann ein weiteres Blatt im entsprechenden Format geklebt werden, auf dem der Schatz oder das Geheimnis zu sehen ist. Natürlich nur mit ausdrücklicher Erlaubnis der Künstler...

Schminke und Gips

Die Faszination des Verbergens lässt sich im Spiel auf vielfältige Weise unterstützen. Ein Kind steckt unter einem Betttuch: Wer ist es? In welcher Haltung hat es sich versteckt?

Mehrere Kinder bilden eine Skulptur und werden verhüllt. Andere Kinder versuchen, das Kunstwerk nachzubilden. Hilft es, die Form zu ertasten? Beim Schminken verstecken wir unser Gesicht unter einer Farbschicht und sehen auf einmal ganz anders aus. Wenn wir von Händen und Füßen vorsichtig Gipsabdrucke nehmen, entstehen lebensechte Halbreliefs. Vorher müssen wir die Haut aber dick mit Vaseline einschmieren, damit die getrocknete Schale aus eingeweichten Gipsbinden sich gut löst.

Das ist besonders wichtig, wenn Gesichtsabdrucke genommen werden. Diese Aktion braucht eine ruhige, ungestörte Atmosphäre, und natürlich dürfen wir nicht vergessen, darauf zu achten, dass Löcher zum Atmen frei bleiben. Weil es eine Weile dauert, bis der Gips hart geworden ist, brauchen wir Geduld und Vertrauen zu denen, die uns verpacken.

Transportieren

Eine Holzente oder einen Hund auf Rädern an einer Schnur hinter sich herziehen – als Erwachsene kämen wir nicht auf so eine Idee. Aber wenn wir kleine Kinder beobachten, während sie das tun, sehen wir, dass das eine sehr bedeutsame Handlung sein muss: Dinge an einen anderen Ort bringen, ihre Umgebung, ihre Lage verändern und feststellen, dass die Gegenstände und man selbst dieselben geblieben sind.

Dinge und Menschen wechseln den Ort und wahren dennoch ihre Identität. Ein Gesetz, eine Lebensweisheit, die es zu ergründen gilt. Ist das immer so? Kann ich mich darauf verlassen? Wann gibt es Ausnahmen? Und wovon hängt das ab? Umzug spielen mit Kisten und Kästen, mit Puppenwagen und -möbeln, von einem Raum zum anderen – ein großer Reiz für Kinder und eine Tätigkeit, bei der sie durch selbstbestimmtes Handeln Sicherheit und Abenteuer gleichermaßen erleben. Zum Leidwesen mancher Erzieherin, die das auf den ersten Blick sinnlose Tun nur als Unordnung empfindet. Ein-, aus- und umpacken lässt sich sicher leichter ertragen, wenn sie weiß, worum es den Jungen und Mädchen dabei geht.

Bewegung

Roller und Dreirad fahren, möglichst mit Passagieren und Gepäck, schnell sein, die anderen an mir vorbeiflitzen sehen, auch wenn ich immer nur im Kreis fahre. Den Ortswechsel genießen, das Aufbrechen und Wieder-Ankommen.

In zwei Gruppen einen Staffellauf organisieren und sich gegenseitig anfeuern. Oder eine Wettfahrt von Autos an Bindfäden, die möglichst schnell aufgewickelt werden. Was steckt dahinter? Koordination von Grob- und Feinmotorik, Lebensfreude und Selbsteinschätzung, Wiederholung und Variation.

Der Fuhrpark

Kinder brauchen Materialien zum Transportieren:
- Handtaschen und Schachteln zum Einpacken und Wegtragen von Schätzen;
- Lastautos zum Beladen, die auf einem schrägen Brett in Fahrt kommen;
- Pappröhren, mit und ohne Plastikfenster, die als Tunnelautobahn dienen;
- durchsichtige Plastikschläuche, in denen sich Murmeln rasant auf den Weg nach unten machen;
- Sandeimer, die an einem Flaschenzug in die Höhe gezogen werden;
- Schiffsmodelle mit und ohne Segel, mit und ohne Strömung...

All das bietet elementare Erlebnisse physikalischer Gesetze und ein großes Spektrum an Möglichkeiten zum Experimentieren. Wahrscheinlich kommen

Kinder, die in den Bergen wohnen, eher auf die Idee, eine Seilbahn oder einen Ski-Lift nachzubauen.

Es ist sicherlich für viele Erzieherinnen eine Herausforderung, Mädchen und Jungen ermutigend

Schienen. Oder in Zick-Zack-Kritzeln, die das Hin und Her der Körperbewegung sichtbar machen, auf dem direkten Weg oder in Schwüngen, zielgerichtet oder umherschweifend, durchgehend oder in Sprüngen und mit Unterbrechungen.

bei solchen technischen Experimenten zu begleiten. Doch je weniger wir als Erwachsene wissen, wie ein Seilzug funktioniert, desto spannender kann es werden. Her mit Schnüren und ausgedienten Garnrollen!

Die Luftballonrennbahn

Um die Lust am Experimentieren zu wecken, hier noch die Beschreibung für eine Luftballonrennbahn mit Raketenantrieb:

Auf eine etwa 5 Meter lange Schnur ein Stück Trinkhalm (etwa 5 Zentimeter) fädeln und mit Tesafilm einen aufgeblasenen Luftballon an den Halm kleben. Die Schnur waagerecht gespannt halten und den Luftballon loslassen, so dass die Luft entweichen kann. Was passiert?

Ja, der Ballon saust zielstrebig die Schnur entlang, bis ihm die Puste ausgeht. So ähnlich stelle ich mir übrigens das Funktionieren von Magnetbahn und ICE vor. Wer weiß es besser?

Bildnerisches Gestalten

Beim Zeichnen und Malen findet das Thema »Transportieren« eine Entsprechung in Spuren, und Linien, die auf das Blatt gezogen werden wie Wege und

Besonders beim Malen nach Musik, sei es mit Wachskreiden oder Pinseln, lassen sich Spuren der Bewegung sichtbar machen. Wenn wir Farbkleckse auf Papier geben und das Blatt danach bewegen, malen wir mit der Schwerkraft und der Fließgeschwindigkeit der Farbe. Und sicher auch mit dem Zufall.

Fahrtenbücher: Kinder kommen häufig von sich aus auf die Idee, den Ablauf einer Geschichte, einer Reise zum Beispiel, auf einem einzigen Blatt darzustellen. Der Reisende kann dann zwei Mal auf dem Bild zu sehen sein, beim Start und am Ziel, obwohl jeder weiß: Es gibt ihn nur ein Mal.

Eine andere Form, Transportieren bildlich darzustellen, sind lange Bilder auf Tapetenrollen, Butterbrotpapierrollen oder ähnlichen Formaten. Darauf kann der Ablauf eines Weges dargestellt werden. Der Reisende oder das Fahrzeug als beständige Form bleibt zwar erhalten, erscheint aber vor unterschiedlichen Hintergründen.

Um das Ganze handlich zu machen, werden die langen Bilder wie im alten China auf zwei Holzstäbe aufgerollt oder im Zick-Zack gefaltet, so dass praktische Leporellobücher entstehen, die auf der Vorderseite eine spannende Reise von A nach B zeigen und auf der Rückseite den Heimweg. Gute Fahrt!

Verbinden

Zusammenkleben und -schnüren, was nicht immer zusammengehört, das betreiben Kinder mit großer Hingabe und sehr zum Erstaunen der Erwachsenen: Tisch- und Stuhlbeine aneinander binden, Teddybär und Stifte, Zahnbürste und Waschlappen. Der Bedarf an Schnur und Klebestreifen ist unglaublich.

Das Material wird gebraucht, um etwas zu bewirken: festhalten und das Festhalten dauerhaft machen, sich der Verbindung von Dingen vergewissern, auch wenn man den Griff lockert und sich anderem zuwendet. Ver-Bind-lichkeiten als Gewissheiten erleben.

Das kann Erwachsene ganz schön nerven. Zumal dann, wenn sie sich selbst in einem Netz von Wollfäden und Schnüren gefangen sehen. Geduld ist nötig, Verständnis für die inneren Beweggründe der Jungen und Mädchen sowie Ideenreichtum: Wo können wir die Kinder gewähren lassen? Wie kann das Thema »Verbindungen« ausgeweitet und ausgelebt werden?

Nicht gerade Pech und Schwefel

Wollfäden und Tapetenkleister eignen sich ebenso gut wie Klebebänder aus Tesa-Krepp und Textilfasern. Gerissene Stoff-Streifen sind ungefährlicher als Draht und Angelsehnen. Paketschnur und Wäscheleinen sind beliebt, und mit dicken Tauen kann man Knoten üben. Alles, was hält und ohne

die Kinder, Schleifen zu binden, vorzugsweise am Gartenzaun. Dieser halböffentliche Raum lässt die Motivation steigen, etwas zur bunten Außendarstellung des Kindergartens beizutragen; und die Schleifen können ruhig eine Zeit lang hängen bleiben. Die Dokumentation der Arbeit ist in diesem Falle gleich mit erledigt: »Guck mal Papa, meine Schleife hängt dort drüben.«

Bewegungsspiele

Sich allein bewegen ist etwas anderes als im Verbund mit anderen. Koordination, Rücksicht und Aufeinander-Eingehen sind bei folgenden Spielen gefragt.

Als Schlange spazieren gehen:
Die Kinder fassen einander, leicht versetzt, mit der rechten Hand an der linken Schulter. Der Kopf der Schlange gibt eine Bewegung vor und läuft dann zum Schwanz, bis jedes Kind einmal der Kopf der Schlange war.

Luftballontanz:
Zwischen zwei Tänzern klemmt ein Luftballon, zwischen den Köpfen oder den Rücken. Beim Tanz darf der Ballon nicht runterfallen.

Dreibeinlauf als Staffellauf:
Zwei Läufer, das linke Bein des einen an das rechte Bein des anderen gebunden, legen eine bestimmte Strecke zurück. Welches Paar kann es am besten?

Spuren oder Schmerzen wieder zu lösen ist, kann erprobt werden.

Beim Werken gehört es zur Materialkunde, zu wissen, welche Materialien geklebt, genagelt oder geschraubt werden müssen. Wozu eignen sich Fliesenkleber, Moltofill und Fensterkitt? Aber Achtung: Nicht alle Materialien dürfen Kinder unbeaufsichtigt benutzen.

Der Schleifentag

Meine Kollegin Elli Latour erzählte mir, wie sie mit älteren Kindergartenkindern einmal einen »Schleifentag« inszeniert hatte. Schleifen binden ist immer noch eine nützliche Kulturtechnik, obwohl es inzwischen viele Kinderschuhe mit Klettverschlüssen gibt. Anstelle von teuren Montessori-Schleifenrahmen nimmt Elli bunte Stoffreste, die – mit viel Spaß in Streifen gerissen, ritsch ratsch – eine Menge Schleifenbänder ergeben. Damit üben

aus unterschiedlichen Materialien und Fotos verbinden verschiedene Welten. Es können auch Bilder aus Fundsachen entstehen, auf Stoff genäht.

Ganz besondere Pinsel lassen sich herstellen, wenn man Halme, Fasern oder Federn fest an einem Stock schnürt. Wer sie in Farbe taucht, staunt über die Spuren, die entstehen. Pappkartonstreifen, halb eingeschnitten und zusammengesteckt, ergeben kühne Architekturmodelle.

Weben

Wollfäden oder Naturfasern, verwoben zu einer Fläche, lassen erstaunliche Verbindungen und Strukturen entstehen. Kleine Handwebrahmen für Gürtel und Bänder kann man aus Holzleisten leicht selbst herstellen. Größere Flächen brauchen einen Rahmen oder – wie oben – einen Gartenzaun.

Verbinden heißt wohl auch, eigene Grenzen zu überschreiten, Verknüpfungen herzustellen, Brücken zu bauen... Doch das ist wieder ein neues Thema.

Bildnerisches Gestalten

Beim Malen verbinden Kinder gern Punkte oder Zahlen mit Linien. Wege oder Schienen verbinden entgegengesetzte Orte auf dem Malblatt. Collagen

Zum Poster

Das Poster fasst die Kapitel zusammen und bietet eine Gesamtschau. Damit möchten wir auf drei Kernpunkte hinweisen, die uns besonders am Herzen liegen. Diese Punkte umreißen ein ganzheitliches Verständnis kindlichen Lernens und sind deshalb auch für Grundschulen von Bedeutung.

1.: Vom Kind ausgehen

Entwicklungspsychologisch sinnvolle pädagogische Arbeit geht vom Kind aus, von der Beobachtung dessen, was Kinder von sich aus tun, womit sie sich beschäftigen, was sie fasziniert. Wenn es den Erwachsenen gelingt, dafür aufmerksam zu sein und die Kinder bei ihren »tastenden Versuchen«, die Welt zu erobern, sensibel zu begleiten, haben sie viel erreicht.

2.: Quer denken

Lassen Erwachsene die Begriffe, Zeichnungen und Fotos auf dem Poster auf sich wirken, werden sie Querverbindungen und Beziehungen zwischen Körpererfahrung, Physik, bildnerischem Gestalten und künstlerischem Ausdruck erkennen. Diese Verbindungen tauchen im Spiel und im Alltag von Kindern auf. Je jünger die Kinder sind, desto intensiver entwickeln sie sich über ihre eigenen sinnlichen Erfahrungen. Abstraktes Denken entsteht erst allmählich. Physik und Malen werden erst dann interessant, wenn ein Kind beides deutlich im Körper spürt. Unterschiedliche kindliche Formen des Erlebens und Verarbeitens von Erfahrungen ermöglichen das, was die Erwachsenen »Lernschritte« nennen, runden es ab, nachhaltig und übertragbar. Malaguzzi fand dafür die Formel von den »Hundert Sprachen des Kindes«.

Eindimensionales Erwachsenendenken engt diese Vielfalt ein. Die Gliederung von Lernfeldern in Bildungsbereiche wie Sprache, Mathematik, Musik, bildnerisches Gestalten ist ein Konstrukt von Bildungsplanern, um komplexe Aufgaben zu ordnen. Um kindliche Lernprozesse verstehen und fördern zu können, lernen Pädagoginnen in der Praxis wiederum, die ordnenden Gedanken gegen den Strich zu bürsten und quer zu denken, quer zu bekannten (Schul-)Fächern und hin zum ganzheitlichen Lernen in Sinnzusammenhängen.

3.: Von Künstlern lernen

Kunst öffnet die Augen. Hervorheben, Wiederholen, Betonen, Vereinfachen – diese künstlerischen Arbeitsformen schärfen den Blick für neue Sichtweisen. Wir lernen dadurch, die Dinge anders, deutlicher zu sehen, und trauen uns, bisher Ungewohntes zu tun. Wir wagen die Frechheit des Einfachen: Linien, Kreise, etwas verpacken, verknüpfen...

Dass Kunst nicht simple Wahrheit abbildet – die es ohnehin nicht gibt, weil jeder seine eigene Wahrheit sieht, hört, fühlt und erschafft –, sondern individuelle Erfahrung auf einen besonderen, den künstlerischen Begriff bringt, damit haben kleine Kinder viel weniger Probleme als wir Erwachsene. Lassen wir ihnen den Freiraum dafür. Und: Lassen wir uns von ihrem unverstellten Blick, von ihrer Neugier und ihrem Zutrauen inspirieren.

Die Urformen

Auf dem Poster sind die Urformen menschlichen Ausdrucks zusammengestellt. Sie tauchen in Kinderzeichnungen auf, überall auf der Welt, früher, heute und bestimmt auch dermaleinst. Erwachsene Künstler benutzen sie ebenfalls.

Die Urformen belegen: Kinder malen in der vorfigurativen Phase nicht das, was sie sehen, sondern das, was sie wissen und empfinden.

Erwachsene stehen den Bildern kleiner Kinder oft hilflos gegenüber und fragen: »Was hast du denn da gemalt?« Das können Kinder meist nicht beantworten. Gewitzte denken sich etwas aus, das Erwachsene hören wollen.

Würde jemand ein Kind, das lallt und Laute auszusprechen übt, fragen: »Was hast du denn eben gesagt?« Wohl kaum. Solche Fragen, gut gemeint und aus Interesse gestellt, hemmen die kindliche Entwicklung eher. Jedenfalls fördern sie sie nicht. Mehr Wissen und vor allem mehr Sensibilität sind hilfreich, wenn Erwachsene angemessen auf Äußerungen von kleinen Kindern reagieren möchten.

Die Linie: senkrecht, waagrecht, zackig, gewellt

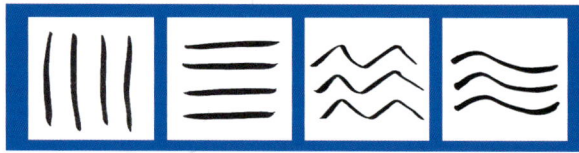

Das Kreuz, die Mitte, um die Mitte schwingen

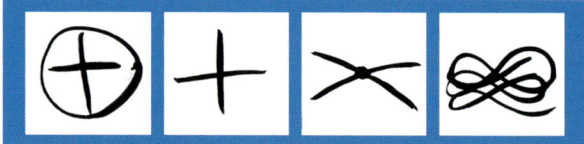

Kreis, Spirale, Kugel, Figur

Kritzelknäuel, Flächen, Kästen, Häuser

Achsen, Kreuzungen und Verbindungen

Punkte, Spuren hinterlassen, Schienen legen

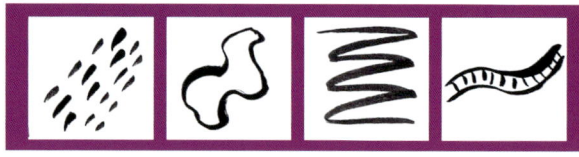

Literatur und Autorin

Elschenbroich, D.: Weltwissen der Siebenjährigen. Wie Kinder die Welt entdecken können. Antje Kunstmann Verlag, München 2001, S. 229 – 235

Hebenstreit-Müller, S./Kühnel, B. (Hrsg.): Kinderbeobachtung in Kitas. Erfahrungen und Methoden im ersten Early Excellence Centre in Berlin. Dohrmann Verlag, Berlin 2004

Egger, B.: Bilder verstehen. Zytglogge Verlag, Oberhofen am Thunersee 2001

Stern, A.: Die natürliche Spur. Bielefeld, 1996

Marbacher-Widmer, P: Bewegen und Malen. Borgmann, Dortmund 1997

Hargittai, I. u. M.: Symmetrie. Eine neue Art die Welt zu sehen. Rowohlt, Reinbek 1998

Sibylle Haas, Jahrgang 1950, ist Diplompädagogin und seit vielen Jahren Beraterin und Fortbildnerin. Ihre Ausbildung in systemischer Beratung und Kunsttherapie hat sie das vernetzte Quer-Denken gelehrt. Sie gründete IBiKu, das Institut für ästhetische Bildung und humanistische Kunsttherapie in Berlin und Brandenburg, und leitet die Mal- und Lernwerkstatt im Eigenbetrieb Kindertagesstätten Berlin/Nord-West, Geschäftsstelle Otto-Suhr-Allee 100, 10585 Berlin- Charlottenburg.

Kontakt

Mal- und Lernwerkstatt
Haubachstrasse 45
10585 Berlin-Charlottenburg
eMail: Sibylle.Haas@freenet.de
Tel.: 030/9029-12981

Netz Tipps

www.kreiselparadies.de
Kreisel zum Sammeln, zum Spielen, zum Ansehen, Kreisel aus Holz, Kreisel aus Metall, Kreisel aus Plastik... Dieser Shop versucht, Ihnen die weltweit größte Auswahl an Kreiseln zu bieten. Scheint gelungen zu sein.

www.wikipedia.de
In der größten freien Enzyklopädie findet sich viel Wissenswertes zu »Kreisel«, »Rotation«, »Spirale«. Einfach in die Suchmaske eingeben und staunen.

www.bv-kindermuseum.de
Auf der Webseite des Bundesverbandes finden sich viele Informationen über Kindermuseen als Einrichtungen der kulturellen Jugendbildung, angesiedelt zwischen Lernlandschaft und Erlebnisort. Jede Ausstellung lädt mit Spiel- und Experimentierstationen zum Ausprobieren, Forschen und Entdecken ein. Im Zentrum steht der Spaß beim Lernen.

www.mathematische-basteleien.de
Unzählige Anleitungen für »mathematisches Basteln«. Auch der Bau eines Kreisels ist beschrieben.

www.zzzebra.de
Im Webmagazin für Kinder findet sich eine Bastelanleitung für einen Aufziehkreisel. Einfach durchklicken über › Holzarbeiten › Spielzeug › Aufziehkreisel.

www.kleinkinderturnen.de
Wer etwas zum Thema »Gleichgewicht« im Sportunterricht oder beim Kinderturnen anbieten möchte, findet hier viele Anregungen.

www.djk-turnen.de
In der › Praxisecke der DJK-Seiten finden sich zum Thema »Gleichgewicht« ebenfalls viele Tipps, Hinweise und Geräteaufbauten für die Sporthalle.

www.bewegungsbaustelle.com
Mit der »Bewegungsbaustelle« stellt Klaus Miedzinski ein erzieherisches Programm vor, dem ähnliche Bedeutsamkeit zugemessen wird wie dem »Baukasten« von Friederich Fröbel. Was Fröbels Baukastenidee für die feinmotorische Entwicklung und den konstruktiven Umgang der Kinder mit Materialien brachte, leistet die Bewegungsbaustelle nahezu analog für die großmotorische Entwicklung.

www.christojeanneclaude.net
Wer einen Einblick in die Arbeiten der erwachsenen Verpackungskünstler Christo und Jeanne-Claude erhalten möchte, findet ihn auf der offiziellen Webseite der beiden. Zu allen bisher realisierten Projekten gibt es Fotos, die vielleicht auch Anregungen für die Arbeit in Kita oder Grundschule bieten.

www.bauchwerke.de
Eine andere Art, Verstecktes zu bewahren, sind die Bauchwerke der Künstlerin Carola Pechel aus Berlin. Diese Gipsabdrücke sind individuelle Andenken an die besondere, einzigartige Erfahrung einer werdenden Mutter. In der › Galerie können die Kunstwerke bewundert werden.

www.quarks.de/kleben/
Sie begleiten uns durchs ganze Leben – von der Babywindel bis zur Haftcreme für die dritten Zähne. Klebstoffe sind überall, unsichtbar halten sie die Welt zusammen. »Quarks & Co« kommt diesmal aus der Tube, und Ranga Yogeshwar zeigt, wie Kleben funktioniert. Runter scrollen und das PDF-Dokument anklicken. Toll!

www.klebstoff.de
Die Klebetechnik, streng wissenschaftlich auch Fügetechnik, wird hier ausführlich behandelt. Neben einem kleinen › Klebstoff-Glossar gibt es Links und Infos zum Thema › Klebstoffe und Allergien.

Zusammengestellt von Michael Kobbeloer